JN418745

김다원 시집

천안삼거리

천안삼거리 시모음

김다원 시집

천안삼거리

지구문학

서문

충남 천안! 하면 먼저 삼거리가 떠오른다.

특히 천안은 우리 국민의 영원한 횃불인 한국여성독립운동가 유관순(1902~1920) 열사의 고향이기도 하고 우리 민족정신의 보고 독립기념관이 있는 곳이다.

아랫녘에서 윗녘으로 또는 윗녘에서 아랫녘으로 괴나리봇짐 짊어지고, 과거 길에 오르내릴 때, 잠시 쉬어가고 묵어가는 분기점이었다. 양반, 천민, 상인 구별 없이 길손이 많아 함께 어울리고 즐길 수 있는 곳이었다. 반가운 상봉과 이별의 애환이 서리는 곳이었으며, 마음을 나누고 정보를 교환하기도 했다. 그러다가 흥에 겨우면 타령이 나오고……, 그래서 흥타령의 원조가 된 천안이 아니던가.

여러 사람이 머무는 곳에 맛있는 음식이 빠질 수 없다. 천안삼거리는 음식이 맛이 있고 풍요로웠으며 인심이 좋고 마음을 평안히 가질 수 있는 곳이었다.

그러한 명소에 아름다운 공원을 조성했다. 능소아가씨의 전설에서 유래한 흥타령을 세계적인 무용축제로 승화시켜 금년 천안삼거리 흥타령 축제 제7회를 앞두고 있다.

이것은 아마도 삼거리를 사랑하는 시민들의 애정을 예술로 승화시켜 우리 국민과 세계인이 삼거리를 기억하고 함께 어우러지기를 기원하는 천안시장의 애정 어린 예술 행정에서 이뤄지는 성과라고 볼 수 있다. 또 천안 웰빙식품 엑스포 축제가 처음 열려 음식문화에 대한 새로운 장을 여는 해이기도 하다.

천안은 내가 10대부터 산 고향이다. 성인이 되어 30여년 동안 중학교 교사로 근무하면서 천안삼거리는 내 마음의 쉼터가 되었다. 어느 날 문득, 내가 사랑하는 천안삼거리에 대하여 무엇인가 남기고 싶었다. 아니, 내가 아니어도 누군가가 해야 할 일이라고 생각되었다. 그것이 지역사회의 한 사람으로 시를 쓰는 내가 할 수 있는 일이라고 생각되어 외람되게 이 시집을 내게 되었다.

녹음이 짙게 우거져 한결 아름다운 천안삼거리다. 아직 못 와 본 사람들에게 꼭 한 번 들러 전통과 예술이 마주 앉은 곳에서 마음을 평안히 하고 가족과 혹은 친구들과 삼거리 축제를 즐기라고 권하고 싶다.

2009년 7월 천안삼거리 공원에서

김다원 識

차례 _ 김다원 시집 · 천안삼거리

1부 _ 천안삼거리

2부 _ 비 오는 삼거리

3부 _ 삼거리 첫사랑

1부 _ 천안삼거리

천안삼거리

천안삼거리 나그네
먼 길에 목 탄다 한 걸음 쉬어가자

파전에 동동주라
말 먹이도 듬뿍 줘라

참새 그네 타는 버들 아래
옹달샘 흐르누나! 풍광 한 번 좋다

여보쇼 길손
어디로 가시오!

납안들 넘어 청주, 문경, 대구로
도리티 고개 넘어 공주, 강경, 전주로
아이야 한양으로 길라잡이 하거라

만나고 헤어짐이 인간사

하늘 아래 가장 편안한 천안
삼거리 주막에서 하룻밤 쉬어 가세
만남이 반갑거든 다시 한 번 들르세

천안이라 삼거리
시끌벅적 홍겹다

홍타령

바람이듯 구름이듯 흔들리는 버들가지
수자리 떠나는 아버지 마음

고사리 손 능소 주모 손에 걸어놓고
버들가지 꺾어 삼거리에 심은 뜻은

다시 만나 어우러져 춤출 때까지
잊지 말고 잘 자라란 푸른 약속

고개 숙여 떠난 아비 소식이 없고
어린 능소 주모와 세월만 읊네

어허라 능소 아씨 어여쁜 손길
병든 선비 일으켜 어사화 흔들

삼거리 깊은 사랑 임금님도 윤허하고

축포처럼 쏟아지는 능수버들 웃음

오가던 나그네도 어깨 들썩 홍홍
천안삼거리에 경사 났네

흥타령碑

미루나무

화면 가득 노란 축제입니다

삼거리 잘 익은 햇살은
잎마다 다른 노랑을 넣느라 분주합니다

바람과 사랑하던 기분이
잎마다 달랐던가요?

꽃시계

어린 날 아버진
산 넘고 물 건너 오밤중에 오셨다
무릎까지 묻은 눈을 탁 탁 털면서

알에서 깬 거북새끼가
갯비린내 본능으로 알고
바다로 기어들듯

긴긴 날들 바깥 생활하시다
바람처럼 오셨다

무거운 눈(雪)을 안고 천천히 움직이는
삼거리 꽃시계처럼

맨몸에 감은 옷 같은 처자식 그리움
컹컹 뱉어가며

낯선 길 두려움 벗어 걸어놓고
새벽 찬바람 가르던 날 얼마였을까

신발 끈 조여 매는 굽은 등 위로
30촉 등처럼 초라하게 흔들려도

옷자락 뒤로 젖히며 기운 세우고
화사한 봄날 같은 발길 떼시길

삼거리 꽃시계 앞에서
빌어본다

편지

한낮의 폭염 속
늘어진 나팔꽃 잎처럼
그대가 목마를 때

그리운 이
편지를 쓴다. 겨울까지는 아직 멀다고

목 길어진 능수버들
철없이 그림자와 숨바꼭질하고

여름 빗방울만큼이나 많은 연서
떠나지 못하고 서성이는
늘 아득한 한양 길

마틴 파크

1950년 한국전쟁에서
95명 병사들과 함께 목숨 다해 싸운
대장 마틴(martin)

이름도 낯선 작은 나라 코리아 그리고 천안
민주주의로 온 그대들

간절한 사랑의 눈빛도 남길 새 없이
북한군의 포격에 산산이 부서져 갔다

그들이 흘린 피와 흩어진 살이 스며든 땅에서
콩이 자라고 고추가 붉게 익고
아무 일도 없었듯이 빌딩들이 늘어섰다

낙락장송 두 그루 영혼으로 곧추 세우고
가슴 넓은 바위 하나 앉혀
마틴 파크(martin park)

자유민주주의를 기억하자 한다

그대들의 어머니 가슴에 각인된 코리아!
가끔 그대들 잊고 딴청 부려도

나날이 풍요롭고 행복한 나라
자유가 자유일 수 있는 나라

그들의 소망처럼 되게 하소서
마틴 파크에 서서 눈을 감는다

*마틴 파크 : 삼거리에 있는 6.25 전몰 미군용사 기념비

삼거리 공원

삼거리 공원 잔디에 누워
손바닥 하늘 향해
눈을 감으면

윤기 나는 머리칼에
다사로운 햇살
스쳐 지나는 길손 푸른 미소

버드나무 가지에 입 맞추고
전율하는 참새 떼
불꽃처럼 터져 머리 위로 쏟아지고

귓불 아래 찾아온 바람
옷자락 살짝 당겨 간절한 눈빛

능수버들 아래
몰래 한 사랑 누가 소문냈는지
난 알아 다 알아

꿈꾸는 삼거리

천안삼거리엔
사랑을 꿈꾸는
능수버들만 있는 게 아냐

눈 감고 두 팔 벌려 안고 싶은
든든한 남자
상수리나무도 있고

연못에게 자잘스런 이야기를 들려주는
할아버지
느티나무도 있어

잡힐 듯 흔들리는 수양 벚나무는
검정 열매 입에 잔뜩 묻혀 놓고
보랏빛 웃음으로 어린 날 동생을 데려와

참새들 버들잎 구르며 그네 뛰는 연못가엔

옥양목 하얀 잎 잘라 머리 끝에 붙이고
언년이 같이 히히대는 산딸나무도 있어

아가가 헛발질로 오색 공을 차면
함박웃음이 대신 굴러가는 잔디밭

양팔 벌려 빙글빙글 돌아 봐
삼거리 공원엔 행복도 같이 돌아

돌담

하품을 하다 끝을 못 맺으면
얼마나 섭섭한지
기어이 찾아 마무리하고
눈가에 남은 물기 닦아 내야지
그래야 손 털고 일어나지

내 몸의 신호를 따름이
행복이고 순리이듯
그대 사랑하면 사랑해야지

나뭇가지 사이로 바람 새어나가고
물길 막아서면 다른 곳으로 터져

그대 가겠다고 우기면
보내야지

삼거리에 돌담 쌓는 것은

허물어지는 사랑 막으려 하는

눈물의 戀書지

냉이 꽃

삼거리 휴게소 원탁에
어머니 앉아 계시네
머그컵에 풍덩 몸 담그고

잊지 않고 다가와
눈 맞춰 준 사랑 고마워

키득키득 소녀같이
웃고 계시네

무명 옷 화사한 줄 전에 몰랐으나
이리도 눈이 부시니

없는 듯 작은 향기 짙은 줄 몰랐으나
아직도 그 향기 그리우니

냉이 꽃 같은 어머니

항상 행복하소서

태양이 떠오를 때마다
미소 속에 같이 피어나리니

능소 아가씨

삼거리 버들 솜 날릴 제
서울 간 낭군 소식 없고

장원급제 날개 단 후
날아갔단 소문
돌개바람으로 몰아오는데

“지체 낮은 사람도 정절이 있다”
검은 유혹 뿌리치며 다잡는 마음

여름 태풍이라도 미리 불어
휘젓는 버들 솜 걷어 갔으면

*능소 아가씨 : 천안삼거리 전설의 여자 주인공

길 없는 길

허허로운 빌판에
아무도 없었지
지우개 자국만 어지러웠지

오슬오슬
등 굽어와
말라가는 사과 껍질인양

삼거리 주막 막걸리 한 잔
꿈 속에선 세월 모르는
황홀한 가슴

어느 길일까 오늘은 가야 하는데
오늘이 오늘
오늘이 오늘

부스럭거리는 태양은
봉창 앞에서 분주한데

봄날을 가는 그대여 · 1

여보세요 !

길을 갈 때 앞만 보고 가시나요?
청보리 철없이 일렁이면
낮은 돌담은 지그시 바람 보듬고

길 더듬어 가다가
천안삼거리에 벚꽃 숨차도록 쏟아지면
철퍼덕 마음 내려놓고 그냥 누워 버려

꽃을 피울 든든한 꽃대와
가지를 만들고 사는가 하는
생각 같은 것 말고

그냥 여기 있어 행복하다고
같이 웃어주면 될 일

세상이 온통 황홀한 향기로 덮이면
눈 감으면 될 일

매일이 봄날은 아닌 걸

봄날을 가는 그대여 · 2

힘찬 페달에 발 놓고
팔 벌려 눈 감고 달리는 바람
마른 검불 헤집고 천지엔 푸른 함성

독재자다

바람난 벚꽃 위에 다시 터지는 불꽃
하늘까지

반란이다

가다가
힘들면 쉬었다 가
삼거리서 길 잘 찾고

가랑잎 사이로
들려오는 소리

귀찮이다

2부 _ 비 오는 삼거리

비 오는 삼거리

사방에서 와서
사방으로 흩어지는
사람들의 이야기가

잠시 쉬었다 가는
천안삼거리

연못은
괴나리 봇짐 같은 사연들을

통 통 동그란 울림으로
쉼 없이 가슴에 새긴다

순간 왔다 고개 돌린
마른 사랑 못 잊어

연못 위에 눈물의 문신
끝없이 새긴다

너는 내 사랑

과거 길 가다 강도 만나
천안삼거리 주막에 누워 있는
병들고 낙심한 나그네
선비 박현수

물기 마른 타향에서
선한 사마리아
능소아씨 만났네

라일락 향기 창호지 흔들면
해 뜰까 두려워 눈감는 봉창

한양이 아니면 아니 보낼 것을
어사화 흔들며 다시 오소서

새벽 정한수에
복사꽃 어리어

두 손으로 모으는

애달픈 사랑

*박현수 : 천안삼거리 전설. 능소 아가씨와 사랑한 선비

꽈리

목련 꽃 당당함도 아니고
치자 꽃 요염한 향도 아닌
움츠린 손 감춰준
무수리 앞치마 같은 꽃

주막 뒤뜰 허리 구부려
고개 올리고 찾았더니
어눌한 미소

세월 잊은 후
세월은 잊는 게 아니란 듯

가을 석양 걸친 옷 속에
앵두같이 붉은 가슴
뛰고 있었다

오래오래 그리자 했는데

묵은 편지로 남았다

봄맞이 대청소에 너울 옷 들춰 보니
터질 듯 충혈된 눈으로
와락 안긴다

짝사랑

시냇물 조약돌에 햇살 내리면
어지럽게 어리던 짙은 녹음 빛 울렁증

그대! 진정 내 가슴에 머물렀었는지
고개 돌린 길 위에 다시 불러 세워
더듬다 닳아버린 얼굴

입추 지나 가을 벌레 창문 두드리면
지면에 발 놓는지 구름 속에 있는지

회오리로 몰아오는 바람
두 손으로 움켜 주머니에 넣고

살다 보면 그렇게 가끔씩 잊혀지다가
나도 잊고 가는 거야

삼거리에서 머뭇거리는 다리

얼른 털어 진정시키고

허연 머리 뒤로 넘기며
어허, 하고 큰기침 놓는 거야

바람 불어 그곳에 갔다

천안 촌놈 어린 날 차창 밖으로
바다를 처음 만났을 때

두 손 두 눈이
유리를 두드리며 소리쳤지
바다가 진짜 있다

실눈으로 가늠하고
늘어진 몸 가까스로 추슬러
그 바다를 향해 간다

칠갑산 막걸리도 눈에 넣고
마른 고추 가득 들어선
청양 난전 가로질러

창문을 열자 먼저 고개를 들이미는
비릿한 청춘

달궈진 모래 위를 달려온 바람과
심해를 뒤집은 근육질 바람은 몸을 섞고

파도는 입술이 하얗도록 떨고
별은 붉은 하늘에서 숨죽이고 있었다

鳶

아비연 가오리연
아들연 태극연

해를 입에 물고
길을 만든다

아이 꿈 기우뚱
아비 눈 번쩍

잔디 위에 널리는
웃음 조각보

버들잎 홍이 나서
부채 바람 보태고

민들레 꽃 머리 위로
꿈이 떠간다

도리도리

굵고 연한 연필 잡아
생각을 굴리다
도리도리

하얀
새하얀 천지
가물가물 길 더듬으며
찾은 옛 삼거리

지난 날
왜 더듬고 사는지
꿈에서도 찾는지

삼거리에 서서
도리도리

옛주막
天下大將軍
地下女將

국밥 집

문 밖에 눈 오고
무쇠 솥에 김 오르면
마음 더불어 훈훈해

잘 끓여진 국밥에 파 한 움큼 얹어
막걸리 한 사발 올린 소박한 밥상

갈 길 멀고 마음 바빠도
든든한 뱃심에 웃음도 푸짐

오가는 눈인사에 마음도 풀어
먼 길 다잡아 신발 끈에 묶고

서로가 벗이 되어 길동무 되는
삼거리 국밥 집 따뜻한 마당

그림자 사랑

잔가지 흔들어
나른한 잠 깨우는 바람

상수리나무 어린 잎은
하늘과 키스하고 싶어
까치발로 서고

능수야 버들은
친정엄마 치맛바람에
기름진 머리 말리네

엉덩이 아래 풀 향기
하얀 낮달과 뒤엉켜
희미한 오르가즘

영남루 품은 연못 안 하늘은
슬쩍 눈길 돌리고

연인들은

깨소금빛 눈웃음

눈요기

이도령 춘향입네
영남루 오르기 쑥스러워
호숫가 비잉 빙

석양을 앞에 두고
담배 연기 올리기 적당한 자리
낡은 나무 층계

정자에 오를 설렘도
지나칠 낭만도
무심한 듯 눈길 비끼는
호숫가 여인

물 위에 비쳐
다 보았네

엇 눈질로

다 보았네

*영남루 : 천안삼거리 연못 안 정자

목련아! 목련아!

지난 가을
솜 보숭이 붓끝
조심스레 세우더니

까치 내려앉은 하늘에 터지는
유백색의 장엄한 축포

숨이 멎어
숨이 멎어

네 커다란 꽃 그늘 아래
그녀는 무심히 고개 떨구고

우윳빛 바바리 바람에 날려
긴 미소 흘린 길

두어 밤 지나

후드득 후드득
서럽게 무너지는 가슴

사랑이 변하면
거리도 변해

길 위에 길을 얹어
아픈 눈물

꽃그늘

고개 내밀고 마중 나와
행인 옷 거머쥐고 환호하는
삼거리 꽃무리

초롱꽃, 매발톱, 하늘말나리,
황금마삭, 앵초, 애기붓꽃

한 해 두 해 가면서
온 천지에 꽃들 어쩌나

아니
요리조리 키워

눈빛 순한 이들 주지
동자 꽃 한 폭에 한 달은 행복한

있는 그대로 사랑하면 될 일

사랑도 지나치면 지쳐 돌아서느니

호미 잡고 덤벙대다
두어 걸음 뒤로 하네

삼거리 꽃그늘 아래
콧노래도 겅중겅중

삼거리 그네

벚꽃 터지는 소리에
그리움 더듬는 그네

봄 뜰에 어느 꽃 피었었나
아득해도

바람을 가른 흔적
아주 잊었다 할 수야

환희 속 아스라하던 발끝
여전히 울렁여

찔레꽃 향기 석양에 널어놓고
눈 감고 흔드는 삼거리 그네

3부 _ 삼거리 첫사랑

바람 잠든 삼거리

검은 대숲 언저리
휘파람 소리

까치발로 숨어서
보고 싶던 그림자

바람 싸한 날에는
휘 가슴 저어

저문 거리 더듬어
어깨 내리면

떠돌던 이름이
무릎 위에 앉는다

삼거리 晩秋를 줍다

담아두고 싶었다. 오래
잊지 않으려는 최소한의 몸짓

햇살 네 가슴에 머리 내리고 숨 고르고 있구나
물기 오르던 봄날이나
녹의 홍장으로 분장하던 날보다도 자유롭다
잊고, 버리고

다 내어준 뒤의 헐리는 끝을 잡고 걷는다
곁에 누가 있어도 좋고 없어도 좋은
허리 굽혀 깊숙이 몸을 내릴 수 있을 만큼
내리고 이유를 묻거나 탓할 것 없이

그러나 지금은 혼자이고 싶다
오직 내 안에 일렁이는 심지 깊은 너와
열애 중임으로

삼거리 무용축제

타오르는 열정 참을 수 없어
터질 듯 이글거리는

너는!

빨강 치마 힘찬 휘둘림으로
유혹하더니

흐드러진 춤마당 넘치는 웃음
온 천하가 흥겨워

바람 들었다

달 오르면

삼거리에 달 오르면
들뜬 버들잎들
다투어 등불 어르고

소나무 지나온 바람에
얼굴 씻은 아이들이
굴렁쇠 굴리는 잔디밭

어깨동무 젊은 그대
느린 입맞춤
아름다운 벤치

초로의 어르신
따뜻한 손으로 부르는
낮은 노래

하나씩 올려
둥근 달에 걸었다

한가위

반가운 얼굴들이
이야기로 빚은 송편
무쇠솥에 모락모락 김 오르면

滿月
솔 향 가득 입에 물고
눈웃음

바스락거리며 오는 잠
귀 잡아 깨워

벌레 소리 위에 던져
느낌표로 묻는 밤

고향 그리워
손 놓은 주막

두견주 같이 머금어
봄날이나 추억하지

세상사 소용돌이
훈풍도 가끔은 오느니

삼거리 나그네
눈물 함께 입에 무네

연광정 소나무

연광정에 달빛 내리자
연못이 하얗게 쓰러졌다

고개 빼고 귀 기울이던 소나무
푸른 비로 쓸다가
가을이라 봐 주마 고요로 무너진다

목마른 초록 물소리
휘파람 씩씩한 기억
허기진 그대 곁에 울고 있으니

능소의 노래

풀씨 하나 검은 땅에 떨어져
목덜미 솜털 세우며 기침 심하게 해댔지

동구 밖 돌아서 가는 먼 길
까치발로 서서

여러 날 걸어가면
노래하며 잠들 곳 있는가

날마다 흥얼거리며 물었지
네모난 지붕 아래서

길손 거친 눈초리 파랗게 질린 손
무쇠 솥에 불 지펴 놓고 해사하게 웃었지

어둠 걷어 무릎 아래 내려놓고
긴 노래 불렀지

천안삼거리 흥

능수야 버들은 흥

쉼표, 느낌표

아이는
세발자전거 던져놓고
꼭꼭 숨은 술래 잡다 그냥 갔다

밤늦게 술래 찾으러 왔더니
귀뚜리가 알려 준다

때를 모르는 건
아이나 나나

곤한 마음 내려놓은
낡은 벤치

뜨겁던 날 지나왔으니
쉴 만도 하지

눈 붉은 가로등 물 오른 버들잎
실눈으로 감시하는 초승달만 탈났다

눈꽃 戀情

마른 김 구워 써는 소리구나 맨 가슴에 내려 우는 그대 아무것도 없음 팻말 세워 놓고 바스러지는 상수리 잎 위에 하얗게 질려 넘어지누나 삼거리 헤매다 헤진 무릎 위에 하얀 한삼 풀어 덮어 점점이 아픈 자욱 지우려는 몸짓 허망해 그도 지우려 눈 감고 빙빙 도는구나

천안삼거리

삼거리 첫사랑

화려한 웃음 내린 봄
검붉은 얼굴로 씩씩거리던 여름
삭은 가슴 시큼한 가을

마른 가지 결 내리꽂는 하얀 비수
유혹! 깊은 바다

앞치마 펄렁이며
앙 다문 입술로
엊그제 내렸던 비인양
아무렇지도 않은 듯 간다

아름드리 오르던 불꽃
다 타 하얀 숯이 되었다

주막의 새벽

검은 너울 몰아내는 거친 숨
참새소리 켜켜이 채워
호들갑으로 맞는 주모

앞마당 능수버들 앞세워
정화수로 손 모으고

내 집에 드는 손님들은
모두 나의 복

빗자루에 몸을 실어
새벽 마당을 씻는다

하얗게 하얗게
표백되는 햇살

부엌 창살 넘어와
가마솥 가득 익는다

오두산

戀書

눈 끝에서 시작된 전율
마음 밭에서 붉다

떨리는 하늘 이불 호청 위에 내려놓고
보듬고 보태어
여린 눈으로 오래 오래 바라보는
황홀

목 길게 늘려
영원을
꾹꾹 눌러 심는다

하루살이

길어진 바람이 헤집고 간 들길
가을대궁이 끝에서 줄기 밑에서
허둥대다 떨어진 시간 주워 앞주머니 뒷주머니
갈무리 바쁘다

잔소리 접은 그림자
발걸음 뒤에서 아침이 시작되고
아이 앞세워
종종걸음으로 오는
저녁

울고 싶은 가을 앞마당에
살랑살랑 붉은 단풍 하나
이웃집 바지랑대 위 꽃잠자리 보고
눈웃음쳤다

김다원 시집
천안삼거리
•
지은이 / 김다원
펴낸이 / 김정희
펴낸곳 / 지구문학

110-122, 서울시 종로구 종로2가 39 뉴파고다빌딩 215호
전화 / (02)764-9679
팩스 / (02)764-7082

등록 / 제1-A2301호(1998. 3. 19)

초판발행일 / 2009년 8월 10일

값 5,000원

E-mail/jigumunhak@hanmail.net

※잘못된 책은 바꿔드립니다.
※저자와의 협약으로 인지는 생략합니다.

ISBN 978-89-89240-27-3 03810